VIAJE HACIA EL VACÍO

Carolina Redondo

COLECCIÓN ITES

VIAJE HACIA EL VACÍO

© Carolina Redondo Fernández
© Prólogo: Alonso Guerrero
© de esta edición: Olé Libros, 2025

ISBN: 979-13-87620-54-7
Depósito legal: V-2228-2025
Impreso en España

KALOSINI, S. L.
Grupo editorial **olé libros**
equipo@olelibros.com
www.olelibros.com

Para mis hijos, Marta, Cristina y Guillermo

Todo viaje es un círculo.
PAUL THEROUX.

PRÓLOGO
EL ARTE INHÓSPITO

Los lectores de Verne nos caracterizamos por cruzar paisajes y escenarios que nunca son meras travesías, sino estados del alma, reinos que se añaden a nuestras vidas mientras los cruzamos. A menudo, los protagonistas de las novelas de Verne son esos lugares, de modo que el lector de Verne es un niño al que suele salvarlo su fe en que la ciencia, o la bondad humana, se sobreponga a las condiciones propuestas por lo salvaje. Una jungla, una llanura de hielo o un mar profundo esconden siempre sucesos, amores, o una cruz marcada en el suelo que nos espera desde antes de que naciéramos… En llegar a esos reductos ha consistido el experimento de Carolina Redondo: *Viaje hacia el vacío*. Sea tentativa o un simple esbozo, el planteamiento de este poemario me parece fascinante: tomar las páginas de *Cinco semanas en globo* y extraer de ellas lo que ocultan. Son tesoros como el de Montecristo, el de Ben Gunn o el de Moonfleet, y hay que buscarlos con mapas, pistas y esquemas. Creo que, si alguna vez hallamos una definición de autor, será parecida a la de alguien capaz de adentrarse en el desorden de algo por crear, o ya creado, y sacar de ello un bello esquema o una bella maqueta que ilumine lo que no hemos visto en un principio. Ciertamente, los lectores hacemos lo mismo en cada lectura de cualquier libro. Ahora bien, ¿somos conscientes de ello? Quizá solo sentimos el barrunto de haber perdido algo en esos lugares. Otra cosa es adentrarse en la espesura, como hace Carolina Redondo, y dar tanto sentido al desorden como al hallazgo. La propia maquetación de *Viaje hacia el vacío* nos coloca ante ese doble punto de vista, y puede que dé también al lector la oportunidad de convertirse en autor, o autora.

Sin duda, se trata de otra forma de leer a Verne, pero también de descubrir aquello en lo que puede convertirse para cualquier lector. Las fotos de lejanías, a veces cercanas al horizonte, que encontramos en las páginas pares de este libro son nuestras llanuras, sabanas y selvas, cumbres montañosas y lechos marinos. Es esa perspectiva, o mejor, esa lejanía la que inicia el viaje de introspección, de solipsismo que plantea la autora de *Viaje hacia el vacío*. Según la mitología, Dionisos se mira en el espejo y ve el mundo. Ahora vamos en globo, y es casi imposible no ver en tal ascensión paulatina un proceso de profundización, igual que en la poesía mística, que lleva a la autora a lo más velado de sí misma. Quizá, como he dicho, eso pasa con cualquier libro. No obstante, la autora ha elegido *Cinco semanas en globo*. Es su elección, es su libro, su pregunta. Es su alma, o lo que tiene que contar o descubrir, de sí misma. No me parece un proyecto sin pretensiones; al contrario, es una gema con varias facetas, a tenor de los poemas que vamos a descubrir, absolutamente sorprendentes e inesperados. Aquí el talento es electivo, no solo creativo. Ambas —creación y elección, lo que da la autora de sí misma y aquello de lo que se apropia en otras fuentes— pertenecen a una categoría cuya forja ha de supervisar el lector. Tan importantes son una como la otra, aunque se da una condición que me resulta original e irrenunciable: ambos —autora y lector— realizan a la vez ese descubrimiento, porque forman parte del mismo viaje exploratorio.

Se trata, por tanto, de hallar lo que uno es en medio de lo inhóspito. Hemos de olvidar la voluntad de vivir, demasiado sobreentendida, la voluntad de aventura, demasiado falsificada por el turismo, y centrarnos no en lo que Verne no cuenta, sino en lo que Carolina Redondo sí muestra. La lectura de este libro ayudará a presenciar ese intercambio, que se produce entre dos caminos paralelos. Leyéndolo he llegado a la convicción de que la única forma de mirarnos al espejo es contemplando la tierra desde el aire, igual que Dionisos, aunque haya todavía mucha gente que no ha montado en globo. Sobrevolar lo salvaje, lo ancho y lo diverso nos acerca a lo que somos. La elección de la autora, es decir, sus poemas, ya no pertenecen a Verne. Quizá ni a ella misma. Forman parte de un horizonte, y viven entre las dos lentes de un catalejo. Acaso todos vivamos ahí, en compañía de lo que tenemos que decir. El experimento de *Viaje hacia el vacío* es fascinante e insólito. Demasiado seductor para que miremos a otra parte, así que soltemos lastre, atémonos con las líneas de vida e iniciemos este viaje, como diría Kubrick, con los ojos cerrados de par en par. Eso nos permitirá fundir lo propio y lo que tenemos fuera, sin renunciar a la hermosa desproporción que los separa.

ALONSO GUERRERO

—¿Cómo? —respondió el doctor—. Si soy dueño de mi globo, si subo o bajo a mi arbitrio, me detendré cuando me parezca bien, sobre todo cuando corra peligro de que me arrastren corrientes demasiado violentas.

—Y encontraréis de esas corrientes —dijo el comandante Pennet—; hay huracanes que hacen más de doscientas cincuenta millas por hora.

—Ya lo veis —replicó el doctor—, con una rapidez tal atravesaría el África en doce horas; me levantaría en Zanzíbar y me acostaría en San Luis.

—Pero, ¿acaso —repuso el oficial— podría un globo ser arrastrado por una velocidad semejante?

—Es cosa que se ha visto —respondió Fergusson.

—¿Y resistió el globo?

—Perfectamente. Era en la época de la coronación de Napoleón en 1804. El aeronauta Garnerin levantó en París, a las once de la noche, un globo, con la siguiente inscripción en letras de oro: «París, 25 frimario año XIII, coronación del emperador Napoleón por S. S. Pío VII». Al día siguiente, a las cinco de la mañana, los habitantes de Roma veían el mismo globo balanceándose sobre el Vaticano, recorrer la campiña romana y caer en el lago de Braciano. Así, pues, señores, un globo puede resistir a tan considerable velocidad.

—Un globo, sí, pero un hombre —balbuceó tímidamente Kennedy.

—¡Pero un hombre también! Porque un globo está siempre inmóvil respecto al aire que le circunda; no es él quien anda, sino el aire mismo. Encended una vela en vuestra barquilla, y la llama no oscilará siquiera. Un aeronauta que se hubiese hallado en el globo de Garnerin no habría por su velocidad sufrido absolutamente nada. Además, yo no trato de experimentar una rapidez semejante, y si puedo durante la noche clavar el ancla en algún árbol o en algún accidente del terreno, no dejaré de hacerlo. Llevamos víveres para dos meses, y nada impedirá a nuestro insigne cazador proporcionarnos caza en abundancia cuando tomemos tierra.

—¡Ah! ¡Señor Kennedy! ¡Vais a dar golpes maestros! —dijo un joven *midshipman* mirando al escocés con ojos de envidia.

—Sin contar —repuso otro— con que a vuestro placer se asociará una gran gloria.

—Señores —respondió el cazador—, soy muy sensible... a vuestros cumplidos..., pero no me corresponde aceptarlos...

Soy dueño del peligro
arrastrado por Napoleón.
Un hombre inmóvil.

Encended la noche,
nada impedirá
una gran gloria.

Así, pues, el doctor era hombre bien conocido, no obstante no pertenecer a ninguna institución científica, ni a las Reales Sociedades Geográficas de Londres, París, Berlín, Viena o San Petersburgo, ni al Club de los Viajeros, ni siquiera al *Royal Politechnic Institution*, donde su amigo el estadista Kolburn, metía mucho ruido.

Un día Kolburn le propuso, para darle gusto, resolver el siguiente problema: dado el número de millas recorridas por el doctor alrededor del mundo, ¿cuántas más ha andado su cabeza que sus pies, con motivo de la diferencia de los radios? O bien, conociendo el número de millas recorridas por los pies y por la cabeza del doctor, calcular su estatura con toda exactitud.

Pero Fergusson permanecía siempre lejos de las sociedades científicas, pues era de la iglesia militante no parlante; le parecía emplear mejor el tiempo investigando que discutiendo, y prefería un descubrimiento a cien discursos.

Se narra que un inglés se trasladó a Ginebra con intención de visitar el lago. Le metieron en un carruaje antiguo en el que los asientos están de lado, como en los ómnibus. A él le tocó por casualidad estar sentado de espaldas al lago, mientras el carruaje seguía pacíficamente su viaje circular, y aunque ni una sola vez volvió la cabeza, regresó a Londres perdidamente enamorado del lago de Ginebra.

El doctor Fergusson, durante sus viajes, se había vuelto más de una vez de un lado a otro, y vuelto de modo que había visto mucho. No hacía más que obedecer a su naturaleza, y tenemos más de un motivo valedero para creer que era algo fatalista, aunque muy ortodoxo, pues contaba consigo mismo y hasta con la Providencia, creyéndose más bien lanzado que atraído en sus viajes, y recorrió el mundo a la manera de una locomotora la cual no se dirige en el camino sino que es el camino mismo quien la dirige a ella.

—Yo no sigo mi camino —decía el doctor con frecuencia—; el camino me sigue a mí.

A nadie asombrará, pues, la indiferencia y sangre fría con que acogió los aplausos de la Real Sociedad Geográfica de Londres: estaba muy por encima de tales miserias, exento de orgullo y más aún de vanidad; le parecía muy sencilla la proposición que había dirigido al presidente sir Francis M..., y ni siquiera se percató del inmenso efecto que había producido.

El ruido
perdidamente enamorado
de una locomotora.

El doctor y sus compañeros se hallaban en un estado anormal, y una corriente atmosférica de una velocidad suma les arrastraba más allá de las montañas áridas, cuyas cimas coronadas de nieve deslumbraban; su aspecto convulsionado demostraba algún trabajo neptuniano de los primeros días del mundo.

El sol brillaba en el cenit, y sus rayos caían a plomo sobre aquellas desiertas cimas. El doctor tomó una copia exacta de las montañas, formadas de cuatro cumbres distintas casi en línea recta, de las cuales la más septentrional era la que más se prolongaba.

El *Victoria* descendió luego la vertiente opuesta del Rubeho, costeando una llanura poblada de árboles de un verde muy sombrío. A esta llanura sucedieron crestas y barrancos colocados en una especie de desierto que precedía al país de Ugogo. Más abajo se presentaban llanuras amarillentas tostadas, agrietadas, salpicadas de plantas salinas y de matorrales espinosos.

Algunos bosquecillos, que fueron más adelante verdaderas selvas, establecieron el horizonte. El doctor se aproximó a tierra, se echaron las anclas, y una de ellas quedó luego agarrada a las ramas de un corpulento sicómoro.

Joe, deslizándose rápidamente, sujetó el áncora con precaución, y el doctor dejó el soplete en actividad para conservar en el aeróstato cierta fuerza ascensional que le mantuvo en el aire. El viento quedó en calma casi súbitamente.

—Ahora, amigo Dick —dijo Fergusson—, coge dos fusiles, uno para ti y otro para Joe, y procurad entre los dos traer algunas buenas magras de antílope para la comida de hoy.

—¡De caza! —exclamó Kennedy.

Echó la escala y bajó. Joe fue brincando de una a otra rama, y aguardó, desperezándose, a Kennedy. El doctor, aliviado del peso de sus dos compañeros, pudo apagar enteramente su soplete.

—No os echéis a volar, mi amo —exclamó Joe.

—Puedes estar tranquilo, muchacho, estoy sólidamente anclado. Voy a poner en orden mis apuntes. Cazad bien y sed prudentes. Yo, desde aquí, observaré el país, y a la menor sospecha que conciba dispararé la carabina. El tiro será la señal de reunión.

—De acuerdo —respondió el cazador.

Las montañas áridas
deslumbraban
sus rayos, de un verde muy sombrío.

Más abajo, amarillentas selvas,
el horizonte
desperezándose tranquilo.

—¿Por qué no, si se puede? —respondió el do[...] —Son [...] azel d [...]h[...]
[...] mercaderes árabes [...] los [...] más [...] salvajes. Recuerdo que
Burton y [...]peke [...] un bastante boca [...] raba la hospitalidad de [...]
habitantes de [...] lo. Pongámonos, pues, a [...]rnos algo [...]

Habiéndo[...] el [...] a [...]r [...] nuevamente la tierra, [...]
de sus and[...] la [...] d [...]b [...] de [...] aza del [...]

En aquel mo[...] de sus madrigueras aso-
[...]nd[...] cabe[...] circunspec[...]va[...] vagangas, [...] quie[...]
[...]cía [...] su [...] as de conchas cónicas, se [...] caro[...] [...]amente [...]
[...]os. [...] magos [...] co[...]re [...]eva[...] de [...] la cintura
[...] ci [...] verdaderamente [...] l [...] ra [...]

[...]ocó l[...] m[...]di[...] ma[...] por los magos, su [...]
ple[...] die ron [...]oras pa[...]es [...] niños [...]uje[...] [...]bl[...]d [...] ore[...]
pa[...] otos [...] milares [...] magos llevada [...] h [...] c [...]

—Esa es su man[...]a [...]era [...]jo el doc[...] g[...] on [...] [...]
c[...]m[...] [...]nadas a desempeñar un pap[...] [...] [...]otagonis[...]
—Pues bien, señor, [...] desempeñaré[...] lo mejor pos[...]
—T[...]m[...]ñó, Joe, [...] az[...] [...]a convert[...]e en un [...]ios
—N[...]os [...]ut[...] [...] d [...]ra lo [...] [...]len[...]

En aqu[...] [...]o [...]o, [...] un profundo silencio [...] una lengua desconocida [...]
[...]án, y [...] o [...]o un [...]ras e [...]
[...]do [...] c[...]m [...] le [...]ó una palabra [...]e[...] [...] s[...]
[...]ra, a[...]nas pa[...] en [...]rab[...] de[...] [...]bu[...]a [...]u
[...]puesta [...]

[...]rador pronunció, con una [...][...]o d [...] m[...] a[...] d [...]
rida [...] fué escuchada con religiosa a[...]o [...]
que el [...] en concep[...] de aqu[...] gente [...] la misma Luna
s[...] e[...] [...]ug [...] no obstante se [...]

[...]da [...] o[...] compara[...]
[...] gr[...]da en la memoria [...] aquel[...] [...]ra tan a[...] del Sol.
[...] de co[...] [...]nd [...] co[...] s[...] digni[...]
mil años [...]u[...] [...] provincia [...] que su[...]
[...]as de c[...][...] [...]su[...] le diez [...] conocer [...] ne [...]sid [...] de [...]os
sin miedo de [...] ar de su divina presen[...]

La hospitalidad de la tierra,
en sus madrigueras de conchas cónicas
los magos niños.

Un profundo silencio, una lengua desconocida,
una palabra
la misma Luna
en la memoria del sol.

Mil años sin miedo.

XXXIX

El doctor ... uso **matar el tiempo** ... no día dando a sus
compañeros ... El terreno,
bastante llano, no ofrecía a ... ningún obstáculo. Lo único que po-
nía en algún cuidado al doctor ... el **maldito** viento del Noroeste que so-
plaba furiosamente y le alejaba ... de Tombuctú.

El Níger después de ... a esta ... se ro-
dea como un inmenso ... de agua **y** des... en el océano Atlántico
formando un ancho delta. ... distin-
guiéndose tan pronto por una **exuberante** ferti... por ... aridez ex-
trema. Llanuras incultas ... son luego rempla-
zados por dilatados terrenos ... Todas las especies de aves
acuáticas, el pelícano, la cerceta, ... habitan, formando nu-
merosos bandos, las orillas de los torrentes y las márgenes de los pantanos.

De cuando en cuando aparecía un ... de tuareg abrigado bajo
sus tiendas de cuero, en tanto que los ... caban a las faenas ex-
teriores ordenando sus ... pa encendida en la boca.

A cosa de las ocho ... había avanzado más de dos-
cientas millas ... os fueron entonces testigos de un
magní...

... de luna se ... ndidura de las nu-
bes, y **deslizándose entre las gotas de lluvia** ... s cordilleras del

Matar el tiempo
maldito
y exuberante,
deslizándose entre las gotas de lluvia.

cunstancias le hubiera divertido tan extraña ceremonia pero una idea muy desagradable atormentaba su mente. Aun mirando las cosas bajo el mejor aspecto posible, le parecía estúpido y aflictivo hallarse perdido en aquella comarca salvaje en medio de semejante gentuza. De los viajeros que habían llegado a aquellas comarcas, pocos habían vuelto a su patria. ¿Podía fiarse de las adoraciones de que era objeto? ¡Tenía muy buenas razones para creer en la vanidad de las grandezas humanas! ¡Se preguntó si en aquel país no se llevaba la adoración hasta el extremo de comerse al adorado!

No obstante tan fatal perspectiva, después de algunas horas de reflexión, el cansancio pudo más que las ideas negras, y Joe se entregó a un sueño bastante profundo, que sin duda hubiera durado hasta el amanecer, si no le hubiese despertado una humedad inesperada.

Aquella humedad fue en aumento; se convirtió en una charca y luego notó Joe que le llegaba el agua a la mitad del cuerpo, y el agua seguía subiendo.

—¿Qué es esto? —se dijo—. ¡Una inundación! ¡Una tromba! ¡Un nuevo suplicio que han inventado esos pícaros! Pues yo no he de aguardar a que el agua me llegue a la boca.

Apuntaló sus hombros atléticos contra la frágil pared y consiguió derribarla. Entonces se encontró en medio del lago. No había isla; se había sumergido durante la noche. Solo se veía en su lugar la inmensidad del Chad.

—¡Triste país para los propietarios! —dijo Joe; y volvió a ejercer vigorosamente sus facultades natatorias.

Un fenómeno bastante frecuente en aquel lago había salvado al valiente mozo. Del mismo modo que la isla en que él se hallaba, habían desaparecido de la noche a la mañana otras que presentaban la solidez de una roca, y con frecuencia las poblaciones ribereñas han tenido que recoger a los infelices que han escapado con vida de tan terribles catástrofes.

Joe ignoraba esta particularidad, mas no por eso dejó de aprovecharse de ella. Descubrió un barquichuelo abandonado y no tardó en alcanzarlo. El tal barquichuelo no era más que un tronco de árbol groseramente ahuecado. Tenía dentro, afortunadamente, un par de remos, y Joe se dejó llevar a la deriva por una corriente bastante rápida.

—Orientémonos —se dijo—. La estrella Polar que desempeña honradamente su oficio de indicar a todo el mundo el camino del norte, va a servirme de guía.

Extraña ceremonia
la adoración
de las ideas negras.

En medio del lago
se había sumergido la noche,
habían desaparecido los infelices.

Un tronco de árbol
tenía dentro
la estrella Polar.

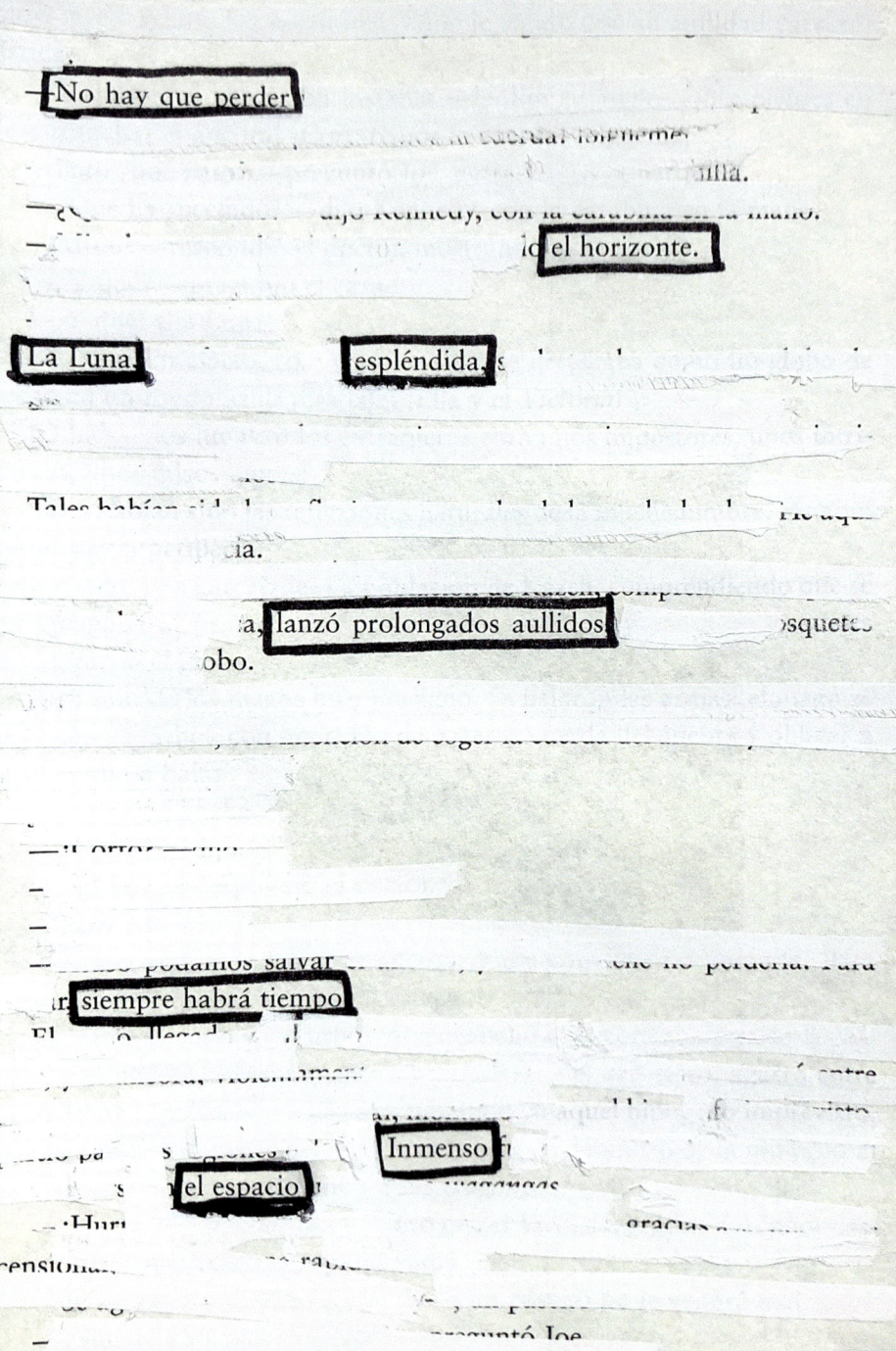

No hay que perder

el horizonte.

La Luna. espléndida.

Tales habían sido

cia.

, lanzó prolongados aullidos

obo.

podamos salvar

siempre habrá tiempo

Inmenso

el espacio

No hay que perder
el horizonte.

Espléndida,
la luna
lanzó prolongados aullidos.

Siempre habrá tiempo.
Inmenso el espacio.

Algunas veces un vestido chillón hacía resaltar su... varios colo... y el mugido de la tempestad dominaba la escena d...

Luego la arena se acumuló formando... donde momentos antes se extendía la llanura... aún agitada, inmensa tumba de una c...

El doctor y Kennedy... aquel terrible espectáculo. No podían sac... del... que se arremolinaba en medio de corrientes co... a las diferentes dilataciones del gas. Envuelto en lo... de la atmósfera, giraba con una rapidez vertiginosa y la barquilla... dilatadas oscilaciones; los instrumentos suspendidos bajo... chocaban unos con otros hasta hacerse pedazos; los tubos de la serp... se enroscaban amenazando romperse, y las caja de agua se... estrepito. Los dos viajeros, no obstante estar casi tocándose... y con mano crispada se agarraban de las cuerdas para... contra el furor del huracán.

Kennedy, con los cabellos en desorden... hablar; pero el doctor había recobrado su audacia en medio del peligro, y ninguna de sus violentas emociones se tra... en su semblante ni aún cuando, después de su último arremolinamiento, el *Victoria* se halló súbitamente detenido en medio de una... esperada. El viento del norte... había quedado dominado y lo m... iverso por el c... la mañana, con no menos rapi...

... exclamó Kenne...

... er a la Providencia, amigo Dick; yo he hecho mal en du... de ella... mejor que nos... nos conviene, y ahí n... tie... nes... viendo a los lugares que c... emos... volver a ver.

Aquel terreno tan llano... durante su ida, se hallaba entonces conmovido como las olas d... de la tempestad. Una serie de montecillos, apenas sentados, ac... taban el desierto; el viento soplaba con violencia, y el *Victoria* volaba en el espacio.

La dirección seguid... viajeros se diferenciaba algo de la que habían tomado p... la m... y así es que, a cosa de las nueve, en lugar de encontrar las or... aún el desierto extenderse delante de ellos.

Kennedy h... vación.

La tempestad
inmensa tumba
se arremolinaba, vertiginosa.

Los viajeros con mano crispada,
su semblante detenido.

El desierto volaba
delante de ellos.

dades el Sáhara, en el que las caravanas pasan semanas enteras sin encontrar un pozo donde apagar la sed devoradora. Examinaba con la mayor atención todas las depresiones de la tierra.

Estas precauciones y los últimos incidentes habían modificado de una manera sensible la disposición de ánimo de los tres viajeros. Hablaban todos menos y se dejaban absorber más por sus propios pensamientos.

El buen Joe no era ya el mismo hombre desde que sus miradas se habían engolfado en un océano de oro. Guardaba silencio y miraba con avidez las piedras amontonadas en la barquilla, que, aunque en aquel momento carecían de valor, lo debían adquirir más adelante.

Era, además, alarmante el aspecto de aquella parte de África. Empezaba el desierto. No se veía ni una aldea, ni un grupo insignificante de chozas.

La vegetación languidecía. Distinguíanse apenas unas cuantas plantas sin fuerza para desarrollarse, como en los terrenos brezosos de Escocia, algunas arenas blanquecinas y piedras calcinadas, algunos lentiscos y matorrales espinosos. En medio de aquella esterilidad, la armazón rudimentaria de la tierra se componía de crestas de rocas agudas y afiladas. Aquellos síntomas de aridez daban mucho que pensar al doctor Fergusson.

No parecía que caravana alguna hubiese cruzado jamás aquella comarca desierta. No se notaba en ella vestigio alguno de campamento, ni blancas osamentas de hombres ni de animales. ¡Nada! Y todo indicaba que un arenal inmenso iba a suceder a aquella región tan triste.

Sin embargo, no se podía retroceder. Había que seguir adelante, y el doctor no aspiraba a otra cosa. Hubiera querido que sobreviniese una tempestad que le arrojase más allá de aquel desconsolador país. Y ni una nube en el cielo. El sol descendió a su ocaso sin que en todo el día hubiese el Victoria avanzado 30 millas.

¡Si no hubiese escaseado el agua! ¡Pero no quedaban de ella más que tres galones! Fergusson separó uno destinado a apagar la ardiente sed que volvía insoportable un calor de 90º.[1] Quedaban, pues, dos galones para alimentar el soplete, los cuales no podían producir más que 480 pies cúbicos de gas, y como el soplete consumía 9 pies cúbicos por hora, sólo para 54 horas había gas suficiente. El cálculo era rigurosamente matemático.

1. 50 ºC.

El Sáhara:
un océano de oro.

Las piedras
carecían de valor,
languidecía
aquella esterilidad.

El sol
a su ocaso destinado.

Peligroso

el porvenir,

la suerte

desapareció en el Wadai

el hambre, la sed, la fiebre,

que temer   nada tengo

Peligroso el porvenir.

La suerte
desapareció en el Wadai.

El hambre, la sed, la fiebre,
nada tengo que temer.

la

Inmensidad

del desierto

el cielo

no me asustaría

Percibir
la inmensidad
del desierto.

El cielo no me asustaría.

El doctor logrado reacciono **contra la tristeza** d

fría de un corazón

las últimas colinas y borrarse la última

la **inmensidad del desierto**

pensamientos

conciencia

resolución de explicarse francamente sus compañeros, exponiéndol

sin tapujos. es manifestó lo que había hecho y lo que qu

ba aún por hacer, rigor se podía retroceder, o al menos

deseaba conocer

Yo no tengo otra opinión más que la de mi amo respondió Joe—
que él sufra puede sufrirlo yo. Yo iré donde él vaya.

—¿Y tú, Kennedy?

mi querido Samuel, no soy hombre que se desespere; nadie ig
raba menos que yo **los peligros** de la emp
ellos para nada desde que vi que tú los afrontabas. Soy, pues, tuyo
cuerpo y alma. En la actual situación soy del parecer de
severar, ir hasta el fin. Además, no me parece que retrocediendo fuesen m
nores los peligros. Adelante, pues, y cuenta con nosotros.

—¡Gracias, mis dignos amigos! —respondió el doctor, verdade
conmovido— Conocía vuestra adhesión, pero tenía nece
vuestras palabras me alentasen. ¡Gracias, gracias!

Y los tres **se estrecharon la mano** con efusión.

Contra la tristeza
las últimas colinas
y la inmensidad del desierto.

Pensamientos,
conciencia sin tapujos.

Los peligros
se estrecharon la mano.

rocas, corría allí entre dos orillas cubiertas de crucíferas y tamarin
Grupos de gacelas triscadoras confundían sus retorcidos cuernos con
altas hierbas, desde las cuales el caimán las acechaba.

Largas recuas de asnos y camellos, cargados de mercancías de Ye
desaparecían bajo las frondosas arboledas, y luego en una revuelta de
se presentó un anfiteatro de casas bajas, en cuyas azoteas y techos es
acumulado todo el heno recogido en las comarcas circundantes.

—He aquí Kabar —exclamó el doctor con alegría—. Kabar es el pu
de Tombuctú, del cual la ciudad no dista más que cinco millas.

—¿Estáis, pues, satisfecho, señor? —preguntó Joe.

—Encantado, muchacho.

—Bueno, la cosa marcha.

En efecto, dos horas después la reina del desierto, la misteriosa
buctú, que tuvo como Atenas y Roma, sus escuelas de sabios y sus
das de Filosofía, se desplegó bajo las miradas de los viajeros.

Fergusson siguió sus menores accidentes en el plano trazado po
mismo Barth, y reconoció su exactitud suma.

La ciudad forma un vasto triángulo en una inmensa llanura de a
blanca. Su punta se dirige hacia el norte y penetra en un extremo del
sierto. En los alrededores, nada. Algunas gramíneas, algunas mim
sinas, algunos arbustos casi secos.

El aspecto de Tombuctú, mirado a vista de pájaro, es el de un amo
namiento de palitroques y dedadas. Las calles, bastante estrechas, es
flanqueadas de casas que no tienen más que la planta baja, edificadas co
drillos cocidos al sol, y de chozas de paja y caña. Éstas son cónicas, y
llas, cuadradas.

En las azoteas, muellemente tendidos, algunos habitantes llev
ban un traje muy chillón, y con la lanza y el mosquete en la mano. A a
hora no se veía no aparece ni una mujer siquiera.

—Pero se dice que las mujeres son bellas —añadió el doctor—. Ve
minaretes de las tres mezquitas, las únicas que quedan de las muchas qu
ba. La ciudad ha perdido su antiguo esplendor. En el vértice del triángu
levanta la mezquita de Sankoro, con sus galerías sostenidas por arcos d
dibujo bastante puro. Más lejos, junto al cuartel de Sane Gungu, se v
Sidi Yahia y algunas casas de dos pisos. No busquéis palacios ni monu
tos. El jeque es un simple traficante, y su alcázar real es un escritorio

282

La reina del desierto
reconoció
a vista de pájaro
al sol chillón,
y añadió:
ha perdido su antiguo esplendor.

Los viajeros

estaban rendidos.

La noche

Vigilaba   sombría
ruido   El

          de   la soledad

          el tiempo maniobraba

rumores indeterminados   en

Los viajeros
estaban rendidos.

La noche vigilaba,
sombría,
el ruido de la soledad.

El tiempo maniobraba
en rumores indeterminados.

Aparecía una que otra choza en medio de aquella niebla pestilencial. El país variaba de aspecto. Con frecuencia en África una región mefítica y de poca extensión confina con comarcas perfectamente salubres.

Kennedy sufría visiblemente, y la calentura abatía su naturaleza.

—Sería mala cosa caer enfermo —dijo envolviéndose en su manta y echándose bajo la tienda.

—Un poco de paciencia, mi querido Dick —respondió el doctor Fergusson—, y pronto recobrarás completamente la salud.

—¡Ojalá, Samuel! Si en tu botiquín de viaje tienes alguna droga para curarme, adminístramela sin perder tiempo. La tragaré a ojos cerrados.

—Tengo un medicamento mejor que todas las drogas, amigo Dick, y voy, naturalmente, a darte un febrífugo que no costará nada.

—¿Y cómo lo harás?

—Muy sencillamente. Voy a subir encima de estas nubes que nos envuelven, y a alejarnos de esta atmósfera pestilencial. Diez minutos te pido para dilatar el hidrógeno.

No habían transcurrido los diez minutos cuando los viajeros estaban ya fuera de la zona húmeda.

—Aguarda un poco, Dick, y vas a experimentar la influencia del aire puro y del sol.

—¡Vaya un remedio! —dijo Joe—. ¡Pero es maravilloso!

—¡No! ¡Es muy natural!

—Ya sé yo que es natural.

—Envío a Dick a tomar aires, como se hace todos los días en Europa, y del mismo modo que en la Martinica le enviaría a los Pitons[1] para librarle de la fiebre amarilla.

—La verdad es que este globo es un paraíso —dijo Kennedy ya más aliviado.

—O por lo menos conduce a él —respondió Joe con gravedad.

Era un espectáculo curioso el que ofrecían las nubes aglomeradas en aquel momento debajo de la barquilla. Rodaban unas sobre otras, y se confundían en un resplandor magnífico reflejando los rayos del sol. El *Victoria* llegó a una altura de 4.000 pies. El termómetro indicaba algún descenso en la temperatura. No se veía ya la tierra. A unas 50 millas al

1. Montaña elevada de la Martinica.

En medio de aquella niebla
sin tiempo
voy a experimentar
un paraíso,
un resplandor magnífico.

No se veía ya la tierra.

isla de

juventud

hacia el norte de la India

bajo todos los climas

que se duerma a cualquier hora de la noche

Isla de juventud
hacia el norte de la India,
bajo todos los climas
y que se duerme
a cualquier hora de la noche.

viniento natural muy decidido; algo, en fin, de bondad y solidez en to
persona, prevenía a favor suyo.

Los dos amigos se conocieron en la India, donde servían en un
regimiento. Mientras Dick cazaba tigres y elefantes, Samuel cazaba
tas e insectos. Cada cual podía blasonar de diestro en su especialid
más de una planta rara cogió el doct... ...le costó tant...
un buen par de colmillos...

—Los dos jóvenes... ...la vida...
prestarse servicio... ...erable. Al...
veces les ale... ...simpatía.

Al re... ...on frecuenc... las lejanas ex
ciones... ...ó dejó nunca de ir, no ya a
tar... ...con el algunas semanas.

...reparaba el porvenir; el uno n
...lo que Fergusson tenía el ánimo
...frutaba de una perfecta calma.
...ctor estuvo dos años sin hablar d
...se que se habían apaciguado o
...aver... ...de su amigo, lo que le complac
...cia... el... ...un día u otro que conclu
...que se tenga... ...entes, no se viaja impunen
...Kennedy procuraba, pues, tener a raya
...había hecho ya bastante para la Ciencia y demasiado para la
...titud humana.

El doctor no respondía una palabra, permanecía pensativo, y despu
entregaba a secretos cálculos, pasando las noches en operaciones de nún
y experimentos de aparatos singulares de los que nadie sabía dar cuen
echaba de ver que fermentaba en su cerebro un gran pensamiento.

—¿Qué estará tramando? —se preguntó Kennedy en enero, cuan
amigo se separó de él para volver a Londres.

Una mañana lo supo por el artículo del *Daily Telegraph*.

—¡Misericordia! —exclamó—. ¡Insensato! ¡Loco! ¡Atravesar el Á
en un globo! ¡Es lo único que nos faltaba! ¡He aquí lo que dos años
estaba ya meditando!

Cuando la vieja Elspteh, que era su patrona, quiso dar a entende
podía muy bien ser todo una chanza, él respondió:

En la India,
tigres y elefantes
habían apaciguado
las noches.

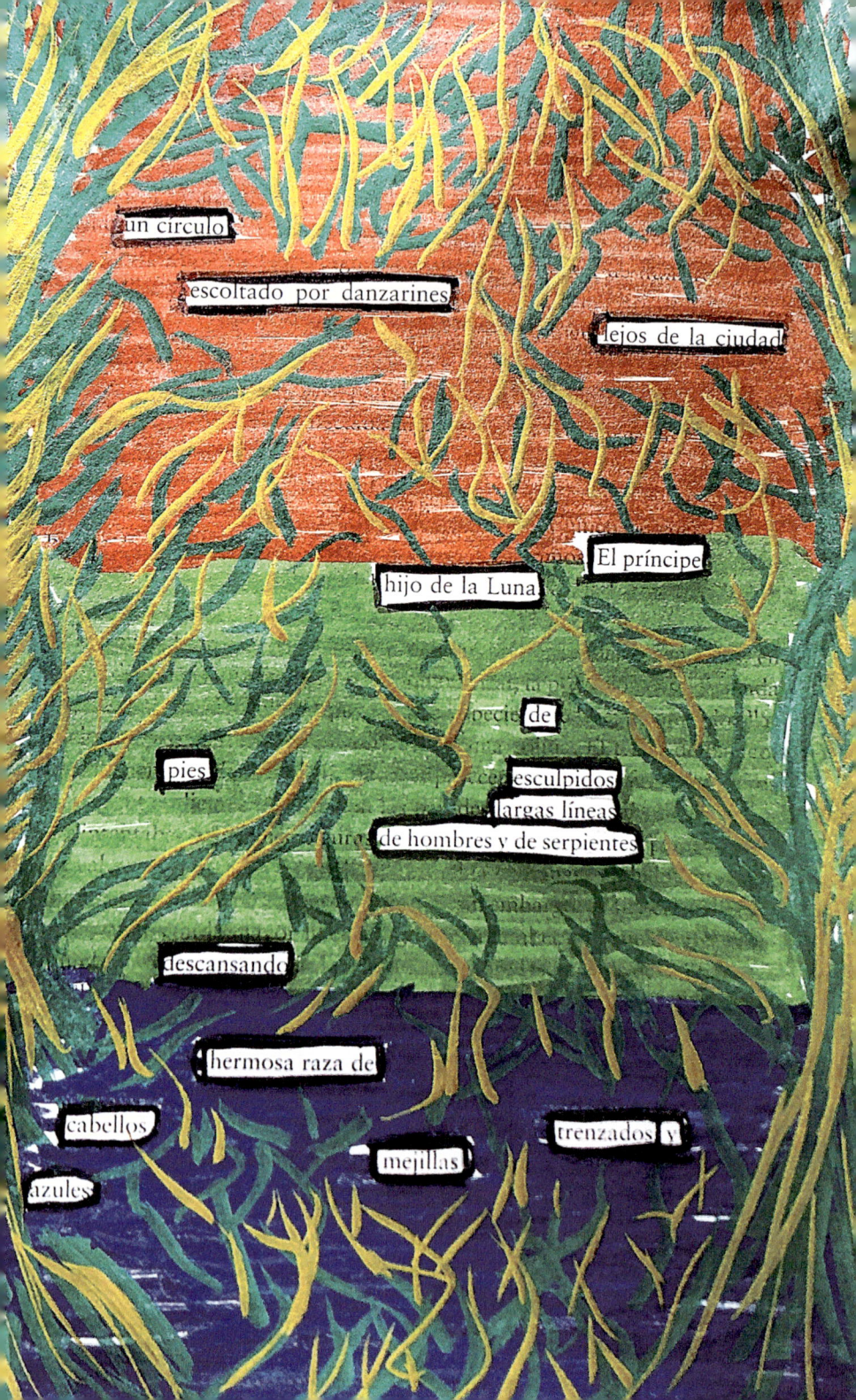

Un círculo escoltado por danzarines
lejos de la ciudad.
El príncipe, hijo de la Luna,
de pies esculpidos,
largas líneas de hombres y serpientes,
descansando.
Hermosa raza de cabellos trenzados
y mejillas azules.

multiplicando sus ademanes de profundo terror, y no tardaron en desfilar con toda la velocidad de sus piernas o de la de sus caballos.

El jeque fue el único que permaneció inmóvil. Cogió su largo mosquete, lo amartilló y aguardó resueltamente. El doctor se acercó a él a menos de 15 pies, y con toda la fuerza de sus pulmones le saludó en árabe. Al oír sus palabras bajadas del cielo, el jeque se apeó, se prosternó sobre el polvo del camino y el doctor no pudo distraerle de su adoración.

—Es imposible —dijo— que esas gentes no nos tomen por seres sobrenaturales puesto que creyeron de una raza sobrehumana a los primeros europeos que les visitaron. Y cuando este jeque hable de su encuentro con nosotros, no dejará de amplificar el hecho con todos los recursos de una imaginación árabe. Juzgad, pues, lo que las leyendas dirán algún día acerca de nosotros.

—Bajo el punto de vista de la civilización —respondió el cazador—, mejor sería pasar por simples mortales, lo que daría a estos negros una idea mucho más ventajosa del poder europeo.

—Estamos de acuerdo, amigo Dick; pero ¿qué le haremos? Por más que explicase a los sabios del país el mecanismo de un aeróstato, se quedarían en ayunas y admitirían siempre una intervención sobrenatural.

—Señor —preguntó Joe—, habéis hablado de los primeros europeos que han explorado este país, ¿podéis decirnos quiénes fueron?

—Sí, buen muchacho; nos hallamos precisamente en el camino del mayor Denham, que en el mismo Mosfeya fue recibido por el sultán de Mandara. Salió de Bornu, acompañó al jeque a una expedición contra los fellahas, asistió al ataque de la ciudad, que con sus flechas resistió denodadamente a las balas árabes, y obligó a huir a las tropas del jeque. La guerra no era más que un pretexto para los asesinatos, los robos y las razzias. El mayor quedó completamente despojado, desnudo, y se salvó gracias a un caballo bajo el cual se escondió, y luego, montándose en él, pudo huir a todo escape, sin volver nunca más a entrar en Kuka, la capital de Bornu.

—Pero ¿quién era ese mayor Denham?

—Un intrépido inglés que desde 1822 hasta 1824 mandó una expedición en el Bornu, en compañía del capitán Clepperton y del doctor Oudney. Partieron de Trípoli en marzo, llegaron a Murzuk, la capital del Fezzán, y siguiendo el camino que más adelante debía tomar el doctor Barth para re

Seres sobrenaturales
creyeron las leyendas
acerca de simples mortales.
¿Podéis decirnos quiénes fueron?

multiplicando sus ademanes, el profundo terror, tardaron en d
con toda la ciudad de sus p mas Kuka las chas c lk

El que fue el único que maneci **inmóvil**. Cogió rgo mosquete,
  ama no   aguardó   eltamente ti abrero l ace   cc   es de
  pies, y con toda la erza d sus pulmones e s   di en   Al oír sus
palab as bajadas d   ielo, el que ga o, se pro stró so   el polvo del
camino y el docto   no pu   distr le e   su ad

—Es impos dijo— que es   gen no se me   po   s **sobre-
naturales** pu to que creye on de na m s   pone   ha   los meros
europ que les visitaron l cua   o est   que   ble   l ent   con
nosotros o dejara de   lifica el hec   con todo   l recur   l una
imagina ón árabe l e   pu   to que las eye   das d   algún   a a rca
de nos

—Bajo   p e i is   la civili —respondió l caza
mejor ser   bas   d   in   i mortale   o da ía a es   negr
idea m   de s   ventaj   del   der e   p c

— tamos d acuer   amigo Di   h, ¿ é le hare   os? Po   s qu
expl   ase **los sabios del país** l me   nismo   en aeros   s   e da
en   unas y ad   tir   n siempre u interve   n   renatura

—Señor   pregu tó Joe— h éis habl   de lo   primeros uropeo
  e han ex lorado te pa   odéis decir   **¿quiénes fueron?**

— j muchacho; n **hallamos**   te c   camino del
yo   D   han, q en el m   o Mosleya fu   cibido p   el sultán d
dar   Salió d Born   compañó al j   a una   dición ont   los
ell as, a stió al at   e d la ciudad,   con su fle   as r istió o
    m las bu   abe   y bligó a ir a las tro   l je   **La
guerra** ra más   u   pret   para l   ase   atos s rob   r z
     n or o ed   comp   an   do **desnudo** y se
a un ca   llo ba el c   l s   an se en él
nu a todo   p sin l   e   Kuka **la capital** l
Bo   u.

Pero q   n e ese
Un   tré i es   d   4 ma dó una pedici
e   Bom , en co   i   el   a   el doct Qu ne
P mero de Tri   li l o, lle   l   a   apital del F   n y
si ien l cami   d s ade   u   eb   te   a   octor Barth

Profundo terror inmóvil,
sus pulmones sobrenaturales.

Los sabios del país ¿quiénes fueron?

Hallamos la ciudad
y la guerra
desnudó la capital.

los horrores

mas inteligentes que audaces

se apoyaban

con el aplomo propio de los grandes andarines

Los horrores,
más inteligentes que audaces,
se apoyaban
con el aplomo propio de los grandes andarines.

que los buques y los ... ... el ... silencio ...

... y ... esta ... palabras:

—...

... Ni una interpel... ...

... Lord R... ... ... había obtenido nunca un éxito tan completo! El ...

... muy ... El ... a ... vez sublime, grande, sobrio y circuns... había dicho la palabra de ...

... completamente adherido a ... nombre extraor... reclamó la ... del discurso de Fergusson en ... ...dings of the Royal Geographic... Society of London[2].

... era, pues, aquel discurso? ¿Cuál la empresa que iba a acometer? ... del joven ... deno ... apitán de la Marina ingles... ... más tierna edad, a los peligros y ave... ... sión. Aquel digno niño, que no pareció haber conoci... ...iedo, anunció muy pronto un talento despejado, una intelige... de investigador, una afición notable a los trabajos científicos; ... ... una habilidad poco común para salir de cualquier atol... ... de este mundo, ni siquiera para servir ... en la ... del tenedor, en lo que los niños, en genera...

... muy pronto con la lectura de las empresas a ... y ... exploraciones marítimas. Siguió con pasión los descub... mientos con que se señaló la primera parte del siglo XIX, y hasta p... ... de los B... de los Caillé, de los ... ... Se... Robinson Crusoe, que no le parecía ... ...antas horas bien ocupadas pasó con él en la isla de ... ... abandonado ... ... de otro modo. ...

El silencio,
a la vez sublime, grande, sobrio,
adherido a aquel digno niño
abandonado.

— No quiero contarme. ¿Tratas realmente de emprender este viaje

— Pues ya lo creo. Estoy haciendo los preparativos y pienso...

— ¿Dónde están esos preparativos, que quiero hacerlos pedazos? ¿Dónde están? — El digno escocés estaba verdaderamente furioso

— Calma, mi querido Dick — repuso el doctor —. Concibo tu cólera. Estás ofendido conmigo porque hasta ahora no te había dicho nada acerca de mis nuevos proyectos.

— ¡Y a eso llamas nuevos proyectos!

— Estaba muy ocupado — añadió Samuel sin admitir la interrupción —, he tenido mucho que hacer. Pero tranquilízate, yo no habría partido sin escribirte...

— De eso me río, yo...

— Porque era mi intención de llevarte conmigo.

El escocés dio un salto, que un gamo no habría tenido por suyo.

— ¿Es decir — respondió —, que quieres hacerme encerrar contigo en el manicomio de Bedlam?

— He contado positivamente contigo, carísimo Dick, y te he escogido a ti excluyendo a muchos pretendientes.

Kennedy estaba atónito.

— Escúchame diez minutos — respondió tranquilamente el doctor — y me darás las gracias.

— ¿Hablas formalmente?

— Muy formalmente.

— ¿Y si me niego a acompañarte?

— No te negarás.

— Pero ¿y si me niego?

— Vendrás.

— Sentémonos.

Puesto que no tenías la pena

— Disputemos, abandonando las hipérboles — dijo el querido Dick.

— Los dos amigos se sentaron uno frente a otro en una mesita, el uno de emparedados y una enorme taza de té.

— Amigo Samuel — dijo el cazador —, tu proyecto es insensato, es de realización imposible, nada de serio hay en él.

— Ya veremos después de que caminamos.

Este viaje furioso,
sin interrupción.
Porque he escogido
la pena.

guiente; si este me faltase, me

de los exploradores;

puede fal-

tarme.

es menester

—No, amigo Dick. Yo no pienso separarme de mi globo

llegado a la costa occidental de África. Con

puesto a los peligros y obstáculos natur

feroces

tengo frío, bajo; si encuentro

lo paso; si un río, lo atravieso; si una te

si un torrente, lo cruzo como un pájaro. A

me detengo sin nece

conocidas, Vuelo con la rapidez

elevadas de la atmósfera como a cien pasos de tierra, y la costa africana se

abre ante mis ojos en el gran atlas del mundo.

El bue empezaba a sentirse conmovi el es-

producía vértigo. Contemplaba con adm

ración, pero tam con miedo; le parecía

espacio.

—Veamos — reflexion

llado el medio de d dirección a los globos?

—No, por cier

—Pues entonce irás

—A donde quie del este al oeste.

—¿Por qué

—Porque cuent con valerme de los vientos alisios, cuya direcci es

constante.

—Es verd —dijo razonando—. Los vientos alisio

Seguram rip

—¡S h, go o, amig inglé

ha puesto un a mi disposición, y está también resue que cru

cen tres o cuatro huer por la época, presunta de

mi llegada. Dentro de os hallarme Zanzíba

donde hinchar mi globo y desde allí nos lanzaremos...

25

La costa occidental de África atravieso.
Vuelo en el gran atlas del mundo.

El vértigo es una utopía
de los vientos alisios.

una

violenta

imaginación

palpitaba

en una hierba espesa

sa-
queando,

arroyos

donde los hipopótamos se baña-
ban

Una violenta imaginación
palpitaba
en una hierba espesa,
saqueando arroyos
donde los hipopótamos se bañaban.

El doctor hizo seguir a sus compañeros en la carta de Barth el curso del río.

—Ya veis —dijo— que los trabajos de este hombre son de una precisión suma. Nosotros marchamos en línea recta al distrito de Loggum, y tal vez su misma capital, Kernak, que es donde murió el pobre Toole, joven inglés de años. Era abanderado en el 80º regimiento, y hacía algunas semanas que había agregado al mayor Denham en África, donde encontró la muerte. Y puede llamarse esta inmensa comarca el cementerio de los europeos!

Algunas canoas de 50 pies de longitud descendían el curso del Chari. *Victoria*, que distaba 1.000 pies de tierra, llamaba poco la atención de los indígenas; pero el viento, que hasta entonces había soplado con bastante fuerza, tendía a disminuir.

—¿Vamos a sufrir otra nueva calma chicha? —dijo el doctor.

—¿Qué nos importa, señor? Ahora no hemos de temer ni la falta de agua ni el desierto.

—No, pero hemos de temer las poblaciones, que son aún peores.

—He aquí —dijo Joe— una cosa que parece una ciudad.

—Es Kernak, adonde nos llevan las últimas bocanadas de viento. Podremos, si nos conviene, sacar un plano con toda exactitud.

—¿No nos acercaremos más? —preguntó Kennedy.

—Nada hay más fácil. Estamos sobre la misma ciudad. Déjame volver a ver un poco la espita, y no tardaremos en bajar.

Media hora después estaba la barquilla inmóvil a 200 pies de tierra.

—Más cerca estamos de Kernak —dijo el doctor— que lo estaría de Londres el que se hubiese colocado en la esfera que corona la cúpula de San Pablo. Podemos examinar la ciudad a gusto.

—¿Qué ruido de mazos es ese que se oye por todas partes?

Joe miró con atención, y vio que el ruido era producido por un considerable número de tejedores que golpeaban al aire libre sus telas extendidas sobre gruesos troncos de árbol.

La capital de Loggum se dejaba entonces abarcar toda entera por las miradas de los viajeros como si fuese un plano. Era una verdadera ciudad con casas alineadas y calles bastante anchas. En medio de una gran plaza había un mercado de esclavos y mucha afluencia de chalanes, pues los esclavos mandareses, cuyas manos y pies son sumamente pequeños, son muy buscados y se colocan ventajosamente.

Donde encontró la muerte
el viento
no hemos de temer.

Se oye por todas partes
el ruido
sobre gruesos troncos de árbol.

Esta melancólica abnegación de la primera persona sentía escalofríos de reconocer El descubrimiento de la civilización más adelantada

Esta melancólica abnegación
de la primera persona.

Sentía escalofríos
de reconocer
el descubrimiento de
la civilización más adelantada.

Durante todo el día, no quiso el doctor que se interrumpiera **el sueño** el enfermo, a pesar de que nunca fue más que un largo sopor, agitado por sueños que no dejaban de inspirar... Pero quien...

llegó **la noche** ... se hizo necesario en medio de la oscuridad ... en tanto Joe y Kennedy toma... algún des...

... Fergusson velaba por la seguridad de tod...

... por la mañana, ... victoria había dicho lo algo hacia el... El día ... anunciaba puro y magnífico. El enfermo pudo llamar a sus ... con una voz más ... Se levantaron las ... de ... con placer el aire fresco de la mañana...

... —le preguntó Fergusson.

... respondió el ... Pero, los buenos amigos, ya no... ... que como las **imágenes que aparecen** en un sueño! ¡Apenas ... cuenta de lo que ha pasado! Decidme vuestros nombres para que no ... viajeros ... —respondió Sa... ... hemos intentado atravesar el **África** ... globo ... durante nuestra travesía hemos tenido la suerte de salvaros.

—La **ciencia** tiene sus héroes —dijo el misioner... ... **religión** tiene sus mártires —respondió el esco...

—¿Sois misionero? —preguntó el doctor.

—Soy un sacerdote de la misión de los lazaristas. El cielo os ha enviado, loado sea **Dios!** El sacrificio de mi vida estaba hecho! Pero vosotros venís de Europa... ¡Hablad me de Europa, habladme de Francia! No he recibido en ... años ni una sola noticia.

—¡Cinco años solo entre esos salvajes! —exclamó Kennedy.

... almas que hay que rescatar —dijo el joven sacerdote—. Hermanos ignorantes y bárbaros a quienes sólo la religión puede civilizar e instruir ...

Samuel Fergusson, para comprender al misionero, le habló mucho de...

El desolado mártir le escuchaba con atención **y las lágrimas humede-cían** sus ojos. El pobre joven ... las manos de Kennedy y de ... con las suyas, ... abrasaba la calentura; el doctor le propuso ... gunas tazas de té, que bebió con fruición, y entonces... ... para incorporarse un poco... sonreír, viéndose mecer en **un cielo tan puro.**

El sueño de la noche,
imágenes que aparecen.
África:
¡Ciencia, religión, Dios!

Y las lágrimas humedecían
un cielo tan puro.

rumbo al norte.

someterse esta tormenta, y

sus tristes reflexiones

Dios   No pertenece a los hombres

respondió

hubiéramos librado bien de tantos peligros! ¡Nos dimos los tres un apre-
tón

¡franco!

Y el viento

a una velocidad irresistible!

—Dios, Samuel, admitiendo que hayamos hallado asilo entre las tribus del

otros, como Denham y Barth? Éstos regresaron a su país.

len del país. ¡Está solo y sus recursos! Los viajeros de cierta talla no
daban un paso sin enviar a los jefes numerosos presentes, sin llevar una

así no podían librarse de padecimientos y tribulaciones que horrizaban!
¿Qué quieres tú que haga nuestro desgraciado compañero? ¿Qué será de
él? ¡Es horrible pensarlo! Y los recelos que concibo me hacen sufrir uno de
los mayores dolores que me han atormentado en este mundo.

—Pero volveremos, Samuel.

—Volveremos, Dick, aunque tengamos que abandonar el *Victoria* y vol-
ver a pie al lago Chad y ponernos en comunicación con el sultán de Bornú.
Los árabes no pueden haber conservado un mal recuerdo de los europeos.

—¡Te seguiré, Samuel! —respondió el cazador con energía—. ¡Puedes
contar conmigo! ¡Antes continuaremos a terminar este viaje! ¡Éste se ha sa-
crificado por nosotros, nosotros nos sacrificaremos por él!

Esta resolución devolvió algún calor al corazón de aquellos dos hom-
bres.

Rumbo al norte,
esta tormenta
y sus tristes reflexiones.
Dios no pertenece a los hombres,
y el viento,
nuestro desgraciado compañero,
se ha sacrificado por nosotros.

ausencia,

de dios,

ble sonrisa

una an

estirándose, encogiéndose, retorcié

dose

un delirio,

de carne y huesos

fiesta

aulladora

Un temor supersticioso

Ausencia de Dios,
una amable sonrisa
estirándose, encogiéndose, retorciéndose;
un delirio
de carne y huesos,
fiesta aulladora,
un temor supersticioso.

—Evidentemente —se decía él— estos salvajes han visto el *Victoria* atravesando las aguas del lago como un monstruo aéreo; han sido testigos lejanos de mi caída, y no pueden menos de guardar consideraciones a un hombre bajado del cielo. Dejémosles obrar a su gusto.

Aquí estaba Joe en sus reflexiones cuando tomó tierra en medio de una muchedumbre aulladora, compuesta de individuos de ambos sexos y de todas las edades, pero no de todos los colores. Se encaminaba en medio de la tribu de biddiomahs, vestidos de negro, no tenía motivos para avergonzarse de la ligereza de su traje, porque se hallaba «desnudo» a la última moda del país.

Pero antes de tener tiempo de darse cuenta de su situación, no pudo equivocarse respecto a las adoraciones de que era objeto, lo que no dejó de tranquilizarle, si bien la historia de Kazeh saltó a su memoria.

—Presiento que voy a volverme un dios, un hijo cualquiera de la luna, lo mismo da ese oficio que otro cualquiera. Solo el todo no me dejan en coger. Lo que importa es ganar tiempo; si en pasar el *Victoria,* me aprovecharé de mi nueva posición para dar a mis adoradores el espectáculo de una gran ascensión milagrosa.

Al tiempo que se hacía Joe estas reflexiones, la turba se estrechaba en torno suyo, se prosternaba ante él, aullaba, le besaba, se hacía familiar, y tuvo buen pensamiento de ofrecerle un magnífico festín compuesto de leche agria y de arroz machacado. El digno Joe, que de todo sabía sacar partido, hizo una de las mejores comidas de su vida y dio a su pueblo una alta idea de la manera como los dioses devoran en las grandes ocasiones.

Llegada la tarde, los brujos de la isla le cogieron respetuosamente de la mano y le condujeron a una especie de choza rodeada de talismanes. Antes de penetrar en ella, Joe echó una mirada a bastante inquieta a algunos montones de huesos que había alrededor del santuario, y estaba pensando en su posición cuando lo encerraron en la choza.

Al anochecer, y aun después de muy avanzada la noche, oyó síntomas de fiesta y regocijo, ruido de una especie de tambor y un estrépito de hierro viejo, muy agradable para oídos africanos. Coros de aullidos acompañaban las interminables danzas condimentadas con contorsiones y gestos que se bailaban alrededor del santuario.

Por entre los cañizos rebozados con lodo que formaban las paredes de su encierro, Joe distinguía aquel atronador bullicio, y tal vez en otras circunstancias

Salvajes testigos de mi caída,
antes de tener tiempo
su memoria se estrechaba,
aullaba, le besaba.

Los dioses, al anochecer
bailaban alrededor del santuario.

el peso del gas

que contiene

el

éxito.

La capacidad de
nadar

intacto

al viento

45

El peso del gas
que contiene
el éxito.

La capacidad de nadar
intacto,
al viento.

salvajes

sus ojos

La energía y la esperanza abandonaron por primera vez el corazón del desgraciado. Se vio perdido, creyó que su amo había partido para no volver, y le faltó hasta la fuerza para seguir reflexionando.

Como un loco, con los pies ensangrentados, con el cuerpo magullado, estuvo andando, andando sin parar durante todo el día y parte de la noche. Se arrastraba, ya de rodillas, ya a gatas; veía acercarse el momento en que tenía que morir.

la noche, cayó inesperadamente en él,

se fue hundiendo en

tad del cuerpo.

la muerte

Salvajes,
sus ojos ensangrentados.
Tenía que morir.

La noche
cayó inesperadamente en él,
se fue hundiendo
en la muerte.

la noche

abrió por fin los ojos.

tengo los días contados.

cicatrices de fuego

Al rayar el día, una corriente lo impelió con suavidad hacia el Noroeste

dijo el cazador—. ¿Tienes alguna esperanza?

La noche abrió por fin los ojos,
tengo los días contados.

Cicatrices de fuego.

Al rayar el día
hacia el Noroeste
dijo el cazador:
¿Tienes alguna esperanza?

ÍNDICE